AF339115

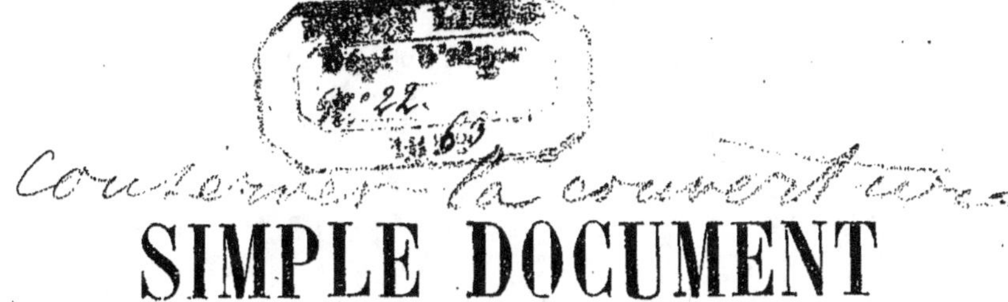

SIMPLE DOCUMENT

ADRESSÉ

A SA MAJESTÉ L'EMPEREUR

ET

A LEURS EXCELLENCES MM. LES SENATEURS

PAR

CRESCENT SIMORRE

Propriétaire près de Boufarik, et à Alger, rue d'Isly, 5

PRIX : 50 centimes

ALGER

CHEZ TOUS LES LIBRAIRES ET CHEZ L'AUTEUR

1863

SIMPLE DOCUMENT

Adressé

A SA MAJESTÉ L'EMPEREUR

et

A LEURS EXCELLENCES MM. LES SÉNATEURS

par

CRESCENT SIMONNE

Propriétaire près de Bouïra, et à Alger, rue d'Isly, 5

PRIX : 30 centimes

ALGER

CHEZ TOUS LES LIBRAIRES ET CHEZ L'AUTEUR.

1863

EMPIRE FRANÇAIS

PROVINCE D'ALGER

TITRE DE CONCESSION

NAPOLÉON III, EMPEREUR DES FRANÇAIS, par la grâce de Dieu et la volonté nationale,

Nous, Lautour-Mézeray, préfet du département d'Alger, officier de l'ordre impérial de la Légion d'honneur, chevalier de l'ordre de Charles III d'Espagne et de la Couronne de Chêne et de Hollande, commandeur de l'ordre du Nichan-Iftikhar de Tunis, commandeur de 1re classe de l'ordre royal de Frédéric de Wurtemberg,

Vu le décret du 26 avril 1851 et les ordonnances des 21 juillet 1845, 5 juillet et 1er septembre 1847 ;

Vu le rapport de la commission des transactions et partages, en ce qui concerne le haouch Ouled Chebel Ouled Mhamed et Khodam (beni Khelil) ;

Vu l'état de répartition des portions du dit haouch ;

Vu la décision de M. le Gouverneur général du

Sur l'avis du Conseil de préfecture,

1863

Déclarons qu'il est fait concession définitive à Madjoub ben Bou Hadja ben Admed ben Kirari . . $1260/23400$

Ali, son frère. . . . . $1260/23400$

Achour, son frère . . . . $1260/23400$

Embarek, son frère . . . . $1260/23400$

Abd el Kader, son frère . . . . $1260/23400$

Hasseni bent Boutrif, leur mère. . . . . . . $1275/23400$

Mohamed ben Bou Hadja, leur frère consanguin $1260/23400$

Abd el Kader ben Bel Asfar. . . . . $350/23400$

Fathma bent Bel Asfar . . . . $175/23400$

Mohmad ben Achour ben Ahmed ben Kirari . , $3744/23400$

Mohamed, son frère . . . . $3744/23400$

Fathma, leur sœur . . . . $1872/23400$

Et Fathma bent Ahmed ben Kirari, leur tante. $4680/23400$

De 5 ^{h} 22 ^{a} 20 ^{c} à prendre sur le territoire des Ouled Chebel, dans les Beni Khelil, et formant les n°s 124, 175, 243, 244, 245 et 272 du plan.

CONDITIONS

ARTICLE PREMIER. — Le Concessionnaire sera considéré comme propriétaire de l'immeuble concédé à partir de ce jour, sous la réserve contenue en l'art. 8 ci-après.

ART. 2. — Il sera tenu de payer les taxes ou contributions générales établies ou à établir sous quelque titre que ce soit.

ART. 3. — Il devra veiller à la conservation des arbres et les remplacer en cas de mort.

ART. 4. — Il entretiendra, pour sa part, les chemins et fossés d'exploitation, et il se conformera aux règlements relatifs à l'entretien des fossés et rigoles de dessèchement.

ART. 5. — Les limites de la propriété concédée devront toujours être déterminées par des haies vives ou fossés.

ART. 6. — Pendant dix ans, à partir de ce jour, le Concessionnaire sera tenu de laisser les terrains dont l'État lui demanderait l'abandon pour travaux d'utilité publique, et il ne sera dû d'indemnité que pour ce qui excèderait le 20ᵉ de l'étendue de la présente concession.

ART. 7. — La concession ne confère pas la propriété des sources ou cours d'eau, et le Concessionnaire ne pourra en jouir qu'en se conformant aux règlements relatifs au régime des eaux en Algérie.

ART. 8. — Aucune aliénation ou location de la partie de la présente concession qui serait comprise dans un douar ou lieu d'habitation indigène ne pourra avoir lieu au profit d'un autre qu'un musulman sans l'autorisation de M. le Gouverneur général, et, en cas d'inexécution de cette condition, la partie ainsi louée ou vendue serait retirée de la concession.

Art. 9. — Au moyen de la présente concession, tous les titres que le Concessionnaire pourrait avoir au susdit haouch seront à toujours considérés comme nuls; il ne pourra non plus rien réclamer en raison des droits qui auraient pu lui être conférés en vertu de l'ordonnance du 21 juillet 1846.

Art. 10. — Tout successeur du Concessionnaire sera tenu d'exécuter les conditions ci-dessus.

En conséquence, mandons et ordonnons à tous huissiers, sur ce requis, de mettre les présentes à exécution, aux procureurs généraux près les Cours impériales et aux procureurs impériaux près les tribunaux de 1re instance d'y tenir la main; à tous commandants et officiers de la force publique de prêter main-forte lorsqu'ils en seront légalement requis.

En foi de quoi les présentes ont été signées par nous, préfet du département d'Alger.

Fait à Alger, le 24 octobre 1856.

Vu et approuvé,   *Le Préfet,*

Le Gouverneur général de l'Algérie, **LAUTOUR-MÉZERAY.**

Cte **RANDON.**

Visé pour valoir timbre et enregistré gratis à Alger, le 8 décembre 1856. F^o 63, v^o, c^{es} 1, 2, 3.

                                CHALES.

Nous espérons que S. M. l'Empereur et les hauts di-
gnitaires de l'État, qui vont doter le pays d'une constitution, conjurer l'heure fatale et les graves éventualités
(car ils ne veulent pas mettre la France en Algérie dans
la situation qu'avaient les Maures en Espagne), nous sau-
ront gré de la publication de ce document, de ses consé-
quences logiques et des faits qui les confirment.

Notre dévouement au principe d'autorité, à l'ordre
profond et à toutes les garanties qu'une bonne discipline
donne à la propriété et à la production qualifient notre
témoignage.

Nous devons fixer, d'abord, nos lecteurs sur quelques faits qu'ils peuvent ignorer.

La plaine, que traverse dans sa partie orientale le chemin de fer d'Alger à Blidah, est protégée par une série de villages échelonnés en vedettes au pied de l'Atlas, l'œil ouvert sur les défilés de la montagne ; au nord, du côté d'Alger, le Sahel porte sur ses hauteurs et sur ses dernières pentes une deuxième ligne de centres agricoles correspondante et parallèle à la première.

Toute cette plaine, dans un complet état de sécurité, et livrée à l'activité individuelle, devrait être vivante et animée comme Boufarik et sa banlieue, comme elle l'est dans quelques autres quartiers de sa surface, comme le sont les plus fertiles régions de la France.

Il y existe un certain nombre de tribus indigènes qui, sous le nom d'enclaves, relèvent du bureau arabe civil.

Est-ce à dire qu'il eût fallu les expulser ! Qui a soutenu cette hérésie ? Depuis quand donne-t-on de la valeur aux terres, enrichit-on une contrée, en diminuant sa population ? — Les Arabes sont excessivement arriérés, — mais ils sont perfectibles, sans doute, puisqu'ils ont déjà joui d'une civilisation avancée. — Leur avons-nous fait une faveur en leur donnant des titres où l'on voit la division opérée sur des fractions qui descendent parfois, comme dans le titre que nous venons de citer, jusqu'à des *vingt-trois mille quatre centièmes* ? Est-ce la propriété individuelle, la seule féconde, la seule exubérante, que nous avons substituée à l'indivision des terres dans la tribu ? Non, certes. Par un respect peut-être exagéré pour leurs mœurs et leurs usages, par une délicatesse de sentiments et de procédés qu'ils ne peuvent comprendre et qui doivent nous conduire à un but opposé à celui que nous nous proposons, nous avons donné la préférence à l'indivision de la propriété dans la famille, en d'autres termes, à la discorde qu'elle y introduite.

Nous avons inauguré la mise en friche des terres cultivées, et le plus profond respect au jonc, à la broussaille et au palmier-nain. Ces fétiches de la paresse arabe sont tout aussi efficacement protégés par l'indivision appliquée au territoire de la tribu ; mais, ici, le chef du douar faisant la répartition des terres cultivables d'une récolte à l'autre, ces terres passent à l'état de propriété individuelle pendant la durée d'un an. Le tenancier, à déchéance fixe, avec sa charrue qui marche par soubresauts, donne un labour tel que le feraient des sangliers pris à la tâche, et couvre la semence préalablement répandue sur le sol vierge de toute préparation.

Ce n'est certes point l'appât d'une seule récolte qui pourrait le déterminer à faire disparaître les plantes à racines résistantes !

Sous l'empire de l'indivision, elles émaillent les champs où se marient la friche et la culture.

Cette constitution de la propriété appliquée au cercle étroit de la famille est encore plus déplorable dans ses effets, puisqu'il n'existe plus aucun lien qui en unisse les membres, aucune discipline qui les contraigne à mettre en valeur le bien commun ; vous avez remarqué que la concession a été octroyée au chef défunt de la famille, et que le titre représente à merveille une ouverture d'hoierie dressée par le cadi. Qui donc suppléerait le père de famille dans sa fonction? Est-ce le check? Mais nous aurions ainsi décrété la mise en tutelle de tous les propriétaires arabes, nous leur aurions retiré de la main gauche le droit de propriété que nous leur avons concédé de la droite. Singulière façon de traiter l'Arabe à l'égal du Français! Cette pure hypothèse, par cela même qu'elle est contraire à nos dispositions bienveillantes, devient inadmissible, impraticable ; elle corrobore notre argument contre l'indivision de la propriété. Que de contestations doivent naître de cet état des choses! Et dans quelle affreuse misère il doit plonger les Arabes!]

Madjoub, l'un des plus honnêtes que je connaisse, est au bagne.

Ali, son frère, et Embarek cultivent. La fraction qui représente leur droit à la propriété étant réduite, leurs deux parts réunies forment les sept soixante-cinquièmes de la totalité. Pour mieux éclairer notre raisonnement, supposons qu'elle soit d'un dixième seulement, la différence est minime.

Admettons qu'il faille débourser cent francs pour nettoyer une parcelle de l'héritage, en arracher les palmiers nains. Nous laisserons-nous persuader qu'ils en feront la dépense pour ne rien recouvrer du tout, quand leur dixième en amélioration du fonds, les terres étant à vil prix et les journées très-chères, ne représenterait pas le dixième de ce dixième.

« Si j'étais l'unique propriétaire de cette pièce de terre, que je crois très-propre à la culture du tabac, je la défricherais. »

Voilà ce qu'ils confesseront tous, sans exception!

Les conditions imposées au concessionnaire parcellaire, que nous avons pris pour exemple entre mille, seront-elles remplies? Les arbres morts seront-ils remplacés? les fossés creusés? En un mot, quand il faudra réunir la part contributive de chacun, si l'un d'eux fait défaut, croit-on que les autres s'exécuteront ? Pas davantage.— Les titres ont plusieurs années de date, et l'inspection du terrain prouve que rien n'a été fait pour l'exécution de ces obligations.

Qu'il en serait autrement avec la répartition individuelle !

« Cette terre est à moi seul ; elle est l'appendice de mon individualité ; je mets en elle mon espoir, mon avenir, mon amour-propre ; elle aura mes soins, mon travail ; elle boira la sueur de mon corps ; Dieu aidant, je ne la perdrai qu'avec la vie ! »

La propriété ainsi constituée met en jeu toutes les aspirations, toutes les passions de l'homme, bonnes et mauvaises, et les fait concourir à la production. Et, ce qu'il y a de plus admirable dans ce merveilleux rapport de l'individu avec la société, c'est qu'au point de vue du travail appliqué à la propriété, l'âpreté au *gain*, la rivalité, l'orgueil, l'égoïsme le plus absolu, pourvu qu'il respecte celui du voisin, profitent à la masse sociale aussi bien et peut-être mieux que les meilleures dispositions.

Si l'on met en regard de l'état sauvage et barbare de la propriété arabe, les travaux exécutés par la plupart de nos colons Européens au milieu de circonstances presque désespérantes, devant un avenir chargé de nuages, en tenant compte de ces défrichements qui ne peuvent être évalués à moins de trois à cinq cents francs par hectare, soit au double de ce que vaut la terre défrichée, on se fera une juste idée de la puissance de ce ressort qu'on nomme la propriété individuelle.

Mais à quel but, à quel résultat paraissons-nous avoir sacrifié l'intérêt des Arabes et de leur agriculture ? — L'article 8 du titre de concession nous l'explique :

« Aucune aliénation ou location de la partie de la présente concession qui serait comprise dans un douar ou lieu d'habitation indigène, ne pourra avoir lieu au profit de tout autre qu'un musulman, sans l'autorisation de M. le Gouverneur général, et, en cas d'inexécution de cette condition, la partie ainsi louée ou vendue serait retirée de la concession. »

Le cantonnement des Arabes, au centre même du territoire de la colonisation européenne, paraît avoir été le but principal de cette restriction.

Le cantonnement de leurs terres serait d'une importance secondaire, puisqu'ils peuvent en aliéner la plus grande partie au profit des Européens ; l'indivision oppose néanmoins quelques obstacles à cette aliénation ; mais ces obstacles disparaissent par la large brèche qu'elle fait du même coup à la production. La nécessité se dresse, elle commande ce que l'indivision devait empêcher ; la misère met l'accord parmi les malheureux co-propriétaires. Ils vendent leurs terres, et l'effet de la mesure est tellement contraire à celui que l'on en avait attendu, que l'un de mes garçons de ferme a pu acheter le champ numéro 175, et que les exemples d'acquisition du même genre ne sont pas rares ; la plupart de ces concessions sont grevées d'hypothèques.

Le chemin de fer, à la moitié de son parcours, traverse le territoire de la tribu qui nous occupe.

La pièce de terre numéro 175 a été coupée en deux par la voie.

Quels sont les effets du cantonnement des Arabes à

l'état d'enclaves dans les grands centres de colonisation ?
Nous le voyons chaque jour.

On ne peut pas nier que la religion musulmane soit
exclusive.

On ne peut pas nier que les mœurs des populations qui
la pratiquent soient opposées aux nôtres.

On ne peut pas nier leur fanatisme, les préjugés dont
ils sont pétris : ces dispositions indélébiles nous aliènent
leur sympathie.

On ne peut pas nier l'horreur que leur inspirent nos
aliments et le mode de leur préparation.

Les sentiments de répulsion qui en dérivent ont une
telle énergie que le titre d'*ascar*, ou de soldat indigène,
quand celui qui le portait est rentré dans la vie civile, le
prive de l'hospitalité dans beaucoup de tribus et de la
considération qui lui serait due dans toutes les autres. J'ai
fait conter par l'un d'eux, en présence d'un touriste plein
d'enthousiasme et d'engouement (il est toujours bon de
rectifier les opinions), qu'il n'était que trop souvent forcé
de cacher sa médaille militaire, quand il avait à tra-
verser un pays exclusivement peuplé d'indigènes ; mais
il ajouta qu'en somme, il n'avait point de regret, parce
que la bienveillance des Français ne lui faisait pas défaut. — Nous lui serrâmes la main avec effusion.

Il serait impolitique de trop appuyer sur ce chapitre-là ;
mais encore faut-il dire une partie de la vérité, pour
faire jaillir la lumière qui doit éclairer le tableau.

Concluons : le cantonnement, s'il doit être la concentration des Arabes équivaut à la concentration de
leurs sentiments, de leurs préjugés, de leurs sympathies
et de leurs antipathies ; il en rend inviolable l'ardent
foyer.

Au point de vue de la culture des terres, il perpétue les mauvaises méthodes, les usages funestes, l'emploi des instruments défectueux, comme dans la Tartarie et le Turquestan, où les femmes alimentent le feu de leur cuisine avec le fumier desséché.

Supprimez la vaine pâture, l'Arabe n'a plus de bétail. Il ne fait pas la moindre provision de fourrage. Sans abri, pendant la saison d'hiver, les bêtes amaigries, sans force et sans vigueur, se traînent péniblement dans des prairies dépouillées et rongées jusqu'à la racide des plantes nutritives ; celles-ci, constamment exposées à leur dent famélique, sont arrêtées dans leur croissance, et ce qu'elles fournissent d'herbage utilisé ne peut être évalué au tiers de ce qu'elles eussent rendu si elles se fussent développées librement et à l'abri d'une continuelle mutilation. Celles, au contraire, qui sont impropres à l'alimentation, se propagent sans mesure. De là, ces vastes étendues de broussailles rachitiques, parce que les jeunes pousses en ont été broutées, ces régions entières envahies par le palmier-nain, ailleurs par le diss, au midi par l'alpha, ici par les asphodèles, là par l'ognon de seille, plus loin par les joncs et les iris, plus loin encore par les chardons, les artichaux sauvages et le sainbois.

Arrêtons-nous dans cette nomenclature des plantes inutiles qui occupent les meilleurs terrains.

Quand les pluies se prolongent, le bétail périt par milliers, comme par les plus funestes épizooties.

En somme, il s'ensuit qu'il faut cinq fois, dix fois plus d'étendue, aux pacages, aux cultures, au même nombre d'animaux, au même chiffre de population. Voilà pourquoi il n'y a que deux ou trois millions d'indigènes en Algérie.

— Ils défendent leurs terres ! — Parlons mieux. — Ils défendent leur barbarie, leurs préjugés.

Que deviennent les exploitations européennes dans leur voisinage ? Les agglomérations agricoles en villages résistent assez bien par leur masse compacte. Mais les fermes isolées au milieu des tribus, en bute à un mauvais vouloir mal déguisé, à la rapine, à la destruction journalière, ne peuvent avoir, à quelque distance de l'habitation, ni fossés, ni haies, ni cultures sarclées, ni plantations d'arbres, ni prairies, à moins de les faire garder pendant le jour et pendant la nuit. Il leur est, en conséquence, impossible d'approprier la culture à la nature du terrain.

Que le propriétaire ou le fermier ait éprouvé dans le courant de l'année une perte de mille francs en dégâts de toute nature, et qu'une fois sur dix il ait pris le délinquant, il aura obtenu, tout bien additionné, cent francs de dommages et de plus la réputation d'avoir pressuré, sans honte ni merci, les indigènes de la contrée à une lieue à la ronde, car on ne sait où s'arrête la vaine pâture, ni l'incurie du berger arabe. Cet usage est l'un des fléaux de nos colons ; mais souvent ces bergers deviennent les exécuteurs de déprédations qui leur sont ordonnées et auxquelles ils ont, s'ils possèdent quelques têtes de bétail, un intérêt direct.

Le troupeau se compose ordinairement des bœufs et des vaches du maître, auxquels se joignent les bêtes de même nature qui appartiennent à ses colons partiaires et au berger lui-même.

Le lait des vaches est pour toutes les familles arabes d'une importance capitale. Le krammès le plus pauvre en possède au moins une, et, à défaut, il est dans une misère affreuse. Ne doit-on pas à ces pourvoyeuses de beurre, de fromage et de petit-lait, si précieux à la vie de gourbi, des herbes fraîches et abondantes. Nous l'avons dit, point de provisions en fourrage sec ; or, quand le lait diminue, avec l'herbe du parcours, querelles, plaintes et reproches au douar. La suprême habileté consiste à épuiser les herbages les plus éloignés des lieux d'habitation, mais avant de toucher aux pièces réservées, il faut à tout prix ramener l'abondance, et trop souvent on ne la ramène qu'aux dépens du voisin ; les hommes s'arment de bâtons pour escorter leurs billets de banque à cornes et sur pieds ; le brouillard, la nuit, favorisent ces entreprises ; des cônes tronqués, construits en mottes de terre, servent d'observatoire pendant le jour, afin de voir de plus loin et à temps, la victime de la razzia, si elle accourt, et de ramener le troupeau avant qu'elle ne l'atteigne.

Il est juste de reconnaître qu'en ces circonstances, la préférence est accordée au chrétien ; peu importe si son approvisionnement devient insuffisant, si ses bêtes après la saison des labours meurent de faim ou d'indigestion d'herbes trop vertes et trop acides : cette nourriture engendre le mal de brou et le pissement de sang. Heureux encore le colon si son champ de maïs n'est pas entièrement dévasté en une seule nuit, les épis dévorés à mi-maturité, les plantes arrachées ou brisées ; si ses pommes de terre ne sont pas récoltées par d'autres mains que les siennes, ou si la semence n'en a pas été retirée de la terre avant qu'elle n'ait germé.

Qu'on ne se hâte pas de crier à la calomnie quand il est question de vol, la statistique de la Cour d'assises, régulièrement publiée, se chargerait de la réponse.

En de telles conditions, on ne doit pas demander pourquoi les Européens n'ont pas fait davantage, mais comment ils ont pu faire ce qu'ils ont fait.

Est-il possible d'imaginer combien de luttes acharnées, opiniâtres, incessantes ils ont eu à soutenir, que de pertes et de mécomptes ils ont eu à essuyer pour créer ce qu'on leur doit déjà.

Dans cette lutte, Arabes et Européens ont souffert.

Dans un intérêt mal compris, on a formé deux camps opposés au lieu de les confondre ? Sans le vouloir, on arriverait à maintenir, perpétuer et réchauffer l'antagonisme, au lieu de favoriser la fusion que nous désirons tous. C'est à ceux qui connaissent la situation, c'est aux Algériens à dire la vérité, à dissiper l'erreur.

Si la raison perd de son autorité sous une plume comme la mienne, consultez Montesquieu et Machiavel.

Veut-on soumettre à la pierre de touche ce système hybride, ce système de guerre sourde et à coups d'épingle ? Les terres, dans un rayon de quatre à cinq kilomètres de Boufarik, valent de trois à cinq cents francs l'hectare, et c'est bien peu eu égard à leur fécondité ; tandis qu'à six ou huit kilomètres du même lieu, à qualité égale, en se rapprochant d'Alger, entre les douars des Ouled-Chebel, de Sidi-Aïd et le territoire des Ouled-Mandil, elles ne valent que cent et deux cents francs.

Dieu me préserve de blâmer le système pris, à son point de vue le plus élevé.

Le cantonnement de la tribu, mesure transitoire, est utile là où sa dissolution n'est pas nécessaire.

A une époque où l'occupation, restreinte à quelques points maritimes de la côte, sur le modèle des présides espagnols, défrayait les étroites conceptions du plus grand nombre, je soufflai dans le public à l'aide d'un ami qui faisait partie de la société coloniale, ce concis aphorisme.

Domination générale, colonisation progressive et concentrique.

C'est, au multiple, le système qui a été adopté. De ce qu'il n'a pas fonctionné, faut-il en inférer qu'il soit mauvais ? Il serait tout aussi juste et normal de déclarer que la montre, comme le mouvement perpétuel, est un rêve creux de la mécanique, parce que, dans un exemplaire de ce système de chronométrie, le monteur, involontairement ou non, aurait introduit un ou plusieurs organes imparfaits ou inachevés.

FIN

Alger. — Typ. Dubos. 11105

ALGER. — IMPRIMERIE TYPOGRAPHIQUE ET LITHOGRAPHIQUE DE DUBOS

AKGER. — IMPRIMERIE TYPOGRAPHIQUE ET LITHOGRAPHIQUE DE DUBOS